M. LOUIS BRÉTON

M. LOUIS BRÉTON

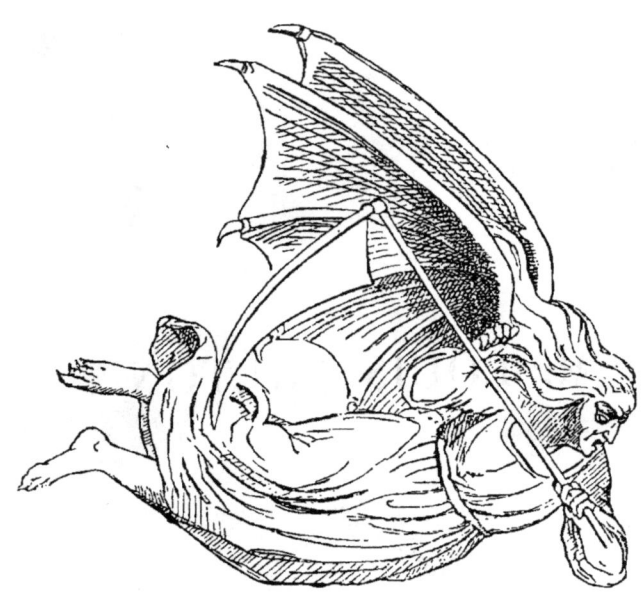

LA MORT EN FURIE

Fresque d'Orcagna, à Pise; quatorzième siècle.

M. LOUIS BRÉTON

I

M. Louis Bréton, l'un des chefs de la librairie Hachette, ancien président du Cercle de la librairie, a succombé, le 19 août 1883, à une courte maladie.

C'est en 1839 que M. Bréton était entré dans la maison fondée par M. Louis Hachette, dont il devint l'associé en 1841 et dont il épousa la belle-fille en 1844. On peut dire qu'il a apporté sa large part d'activité et d'intelligence à l'accroissement de cette importante librairie, dont le développement et la prospérité ne font pas seulement honneur aux hommes qui l'ont créée, mais encore à leur pays.

Quand M. Bréton devint le collaborateur de M. Hachette, la librairie de la rue Pierre-Sarrazin ne s'occupait encore que des livres classiques. C'est aux publications de ce genre que M. Bréton continua particulièrement à consacrer son infatigable activité, lorsque, plus tard, l'extension des affaires fit joindre au fonds primitif les ouvrages de littérature, d'éducation et de grand luxe. A la mort de M. L. Hachette, il prit seul en mains la direction des livres destinés aux écoles, aux lycées et aux collèges. Est-il besoin d'insister sur le succès qui les accueillit et sur les services qu'ils ont rendus à l'instruction publique, aussi bien dans l'enseignement primaire que dans l'enseignement secondaire classique ou spécial? Avec ses associés, M. Bréton a prêté un puissant concours, souvent désintéressé, aux efforts tentés pendant ces trente dernières années pour développer l'instruction en France et organiser de nouveaux enseignements, que le progrès des sciences et la marche des idées rendaient nécessaires.

Le 15 août 1866, M. Louis Bréton rece-

Honestatem diligo

L'HONNÊTETÉ

Vertu suprême du commerce. — L'Honnêteté montre une banderole, pour attester qu'elle tiendra ses engagements. Sculpture du palais des doges, à Venise; quatorzième siècle.

vait la croix de la légion d'honneur; mais déjà il avait été l'objet d'une autre distinction qui prouva l'estime dont il jouissait parmi ses confrères. Les membres du Cercle de la librairie l'avaient nommé président de leur conseil d'administration, le 25 novembre 1864. Ainsi que le constate la notice historique publiée sur le Cercle de la librairie, la présidence de M. Bréton (1865-1867) fut une des plus actives et des plus fructueuses. C'est de cette époque que date l'adjonction des membres correspondants ; la librairie de province, jusqu'alors demeurée presque complètement en dehors de l'action et du rayonnement du Cercle, se trouvait ainsi rattachée au foyer central par des liens plus étroits. A la suite des démarches de M. Bréton, qui fut secrétaire du comité d'admission pour la Classe de l'imprimerie et de la librairie à l'Exposition universelle de 1867, la librairie fut reconnue habile à prendre rang aux expositions dans des conditions équivalentes à celles des autres industries.

M. Louis Hachette et M. Bréton, qui lui succédait, ne purent, pendant leur présidence, réaliser le projet, dont ils avaient chaleureusement embrassé l'idée, de construire un immeuble qui appartînt en propre au Cercle. Mais, grâce à une persévérance qui ne faiblit pas, grâce aussi, nous devons le dire hautement, à un concours généreux qui compléta les souscriptions recueillies, M. Bréton eut la satisfaction de voir poser, le 12 juin 1878, par son beau-frère, M. Georges Hachette, la première pierre de l'édifice du boulevard Saint-Germain.

M. Bréton montra en d'autres occasions son dévouement aux intérêts généraux de la librairie. Lorsque, en 1872, l'impôt sur le papier vint frapper nos industries, il provoqua la réunion des principaux éditeurs classiques; et l'existence du Syndicat, alors fondé sous sa présidence, ne fut point sans amener des résultats utiles; elle permit de soutenir plus tard, avec une plus grande autorité, la question, de nouveau soulevée, des livres scolaires.

Dans ces diverses situations, chacun avait pu apprécier les heureuses qualités qui faisaient tant aimer M. Bréton dans l'intimité de la famille. Si la mort laisse parmi ses confrères bien des regrets qui se trahissaient par un recueillement ému à la cérémonie de ses obsèques, elle frappe cruellement les siens auxquels il portait un si vif attachement. Puisse Mme Bréton, puissent tous ses enfants trouver quelque consolation à leur douleur si légitime dans les marques de sympathie venues de toutes parts, dans ces sentiments d'estime et d'affectueuse reconnaissance qui avaient attiré une affluence aussi nombreuse autour de ce cercueil couvert des couronnes offertes par le personnel de la librairie et des ateliers de la maison Hachette!

PAUL DELALAIN.

Paris, 25 août 1883.

LA MODÉRATION

Elle porte un mors à la bouche; son épée est enlacée dans les lanières de son baudrier. — Fresque de Giotto, à Padoue; quatorzième siècle.

II

Comme il avait horreur du bruit et comme il était obéi autant qu'aimé dans la maison, nous n'avons ni prononcé ni entendu un seul discours sur sa tombe. Mais l'oraison funèbre était dans toutes les bouches; elle circulait à travers la foule, elle donnait une voix discrète et murmurante à ce long cortège qui a marché sous le soleil depuis l'église Saint-Séverin jusqu'au cimetière Montparnasse. « Je n'ai jamais connu plus honnête homme, ni meilleur; » c'est M. Alfred Didot qui parle ainsi. Tous les grands libraires sont là, et pas un qui ne dise qu'il était l'homme de la profession. Gaston Boissier, qui tient le premier rang parmi les conseillers intimes de la maison Hachette, dit que Louis Bréton s'était fait un goût sûr et une direction d'esprit infaillible dans la spécialité des éditions classiques. Les vieux employés, ceux qui datent de la rue Pierre-Sarrazin, déclarent que cette mort foudroyante est un grand malheur pour la librairie; que M. Guillaume, l'héritier du nom et des traditions, est encore bien jeune, qu'il lui aurait fallu pour le moins travailler deux ou trois ans de plus sous les yeux de son père. Quelqu'un rappelle que Georges Hachette était bien jeune aussi lorsque son père lui fut enlevé, et qu'il mûrit pour ainsi dire en un jour. L'émancipation fait des miracles et rien ne vieillit un jeune homme comme le sentiment de la responsabilité.

Et pendant qu'on raisonne ainsi, Guillaume Bréton, le jeune docteur ès lettres, l'ancien élève de l'École normale, conduit le deuil en dévorant ses larmes. Le brave enfant ne sait qu'une chose, c'est qu'il a perdu un père adorable; il est comme écrasé sous le poids d'un malheur que ni lui ni personne n'avaient eu le temps de prévoir.

Les vieux amis de la famille, universitaires, savants, littérateurs, artistes; les Duruy, les Marmier, les Havet, les Caro, les Rossigneux, les Bayard, sont accourus à la triste nouvelle. Quelques-uns ont passé la nuit en chemin de fer, car en cette saison Paris n'est plus guère à Paris. C'est un miracle de l'amitié que cette réunion de deux ou trois mille hommes.

Je recueille en passant un trait qui vous peindra à vif la belle âme de Louis Bréton. Lorsque Michel Lévy mourut, il laissa une famille divisée par des intérêts énormes : une veuve sans enfants, un frère associé, plusieurs autres frères. On voulait éviter une liquidation judiciaire et pourtant chacun tenait à ses droits. Que fit-on?

On vint chercher Louis Bréton sur sa réputation de droiture et c'est lui qu'on pria de répartir en équité les millions du pauvre Michel. Et il s'acquitta de sa tâche au contentement de tous, car la famille Lévy lui offrit un beau groupe d'argent ciselé en témoignage de sa reconnaissance.

Louis Bréton avait débuté dans la librairie Hachette en qualité de commis, mais commis à la façon de Jacob chez Laban, qui gardait les troupeaux pour apprendre le métier de patriarche. Il était fils d'un riche notaire, vieil ami de M. Hachette et son plus ferme appui dans les commencements. Tous ces Bréton, ces Hachette, ces Templier appartiennent à la vieille bourgeoisie de Paris, qui est une vraie noblesse, moins l'orgueil. Ils ont des mœurs larges et simples, ils pratiquent l'hospitalité en grand, sans aucun faste. A la campagne comme à Paris, au

LA CHARITÉ

Fresque de Giotto, à Padoue, quatorzième siècle.

Plessis-Piquet comme au boulevard Saint-Michel, on croit être chez soi lorsqu'on a le plaisir et l'honneur d'être chez eux. Nous y avons passé de bien bons jours, les miens et moi, dans un milieu qu'on ne trouve que là, une atmosphère de bonne humeur et de bonté. Mes enfants avaient pris l'habitude d'appeler Louis Bréton grand-père, et quand nous leur avons annoncé hier en pleurant qu'ils ne le verraient plus, ils ne pouvaient nous croire sur parole. « Ne plus voir grand-père, jamais, c'est impossible ! »

Il y a bientôt vingt-cinq ans, lorsque je fus admis pour la première fois dans l'intimité de cette digne et charmante famille, la bonne maman Hachette me dit : « Mon cher garçon, nous avons un mérite bien rare et bien précieux, et nous en sommes fiers : c'est qu'on ne meurt pas chez nous. On vieillit, le plus tard possible, mais on ne meurt jamais. Voyez!

comptez! nous sommes tous vivants, les petits et les grands, et cela peut durer longtemps encore, si le bon Dieu y met du sien comme nous y mettons du nôtre. »

Bonnes gens! Pauvres gens! Combien nous en avons enterrés depuis ce temps-là! Mais tout ce qui meurt ne périt pas dans la mémoire des hommes et je ne sais en vérité quels sont, parmi tous ces Hachette, ceux que j'aime le plus fidèlement, les vivants ou les morts.

ABOUT.

Sceau du quatorzième siècle.

L'ESPÉRANCE

Fresque de Giotto, à Padoue; quatorzième siècle.

IMPRIMERIE PILLET ET DUMOULIN
Rue des Grands-Augustins, 5, à Paris

www.ingramcontent.com/pod-product-compliance
Lightning Source LLC
Chambersburg PA
CBHW060455050426
42451CB00014B/3338